The Escapade of Dream

Dakshesh Paneri

BookLeaf Publishing

India | USA | UK

Presentation by *BookLeaf Publishing*

Web: www.bookleafpub.com

E-mail: info@bookleafpub.com

ISBN: 9789363318816

First edition 2024

I dedicate this book to my Mother, my younger sister, my teachers, my friends and everyone who believed in me and always had my back. And to my loving readers.

Love you all! 

ACKNOWLEDGEMENT

I give my sincere thanks to my 'Maa' for being the first reader of all my write-ups and my closest critic as well as inspiration and my younger sister for encouraging me to show my poems the light of day and get them published, rather than just keeping them in notebooks. Also, I would like to extend my gratitude to Bookleaf Publications for giving me this wonderful opportunity.

PREFACE

Being a poet gives you a sense of blessing. To feel and make others feel through the beautiful ornamentation of words is like a god's play. 'The Escapade of Dreams' is my first attempt as a poet to get my work published and reach out to beautiful people out there. All the writeups, in English as well as Hindi, will surely take you on a journey and will take a place close to your heart. To all the amazing writers and readers out there.

'आत्मा के आभूषणों में सर्वोत्तम है काव्य,
मानव होना भाग्य है, कवि होना सौभाग्य'

The June Poem

Heart burning
like the blazing sun in the noon,
Eyes showering
like the first downpour of monsoon,
Memories standing
like farmers on the land of heart to toil,
I hold you in my heart
like the fragrance of soil.

Silhouette

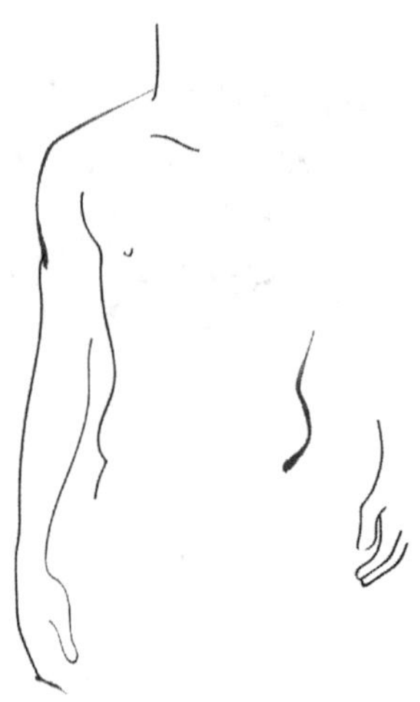

My poems
Are nothing
But a silhouette,
Kept alive
Through my words,
Only for you to fit in,
Someday.

Lost Thoughts

I could be whiling away the hours,
Conferring with the flowers
Consulting with the rain,
How to pour out the pain.
And,
In my head, I'll be scratching,
While my thoughts were busy hatching.

Me, as a writer

As a writer, I try to spill out,
What my heart shouts,

To convey others' pain,
The experience I gain.

My fears, experience and thrill,
The frail kid in me with a voice very shrill,

To soothe my burning soul that shone,
To remember the people gone.

To love someone till I go mad,
To meet someone far away from good and bad.

To shine like the sun, high and bright,
I am a writer, and I proudly write.

Breathing again

I have seemingly been
Holding my icy breath
As long as I can recall
Between our late-night chats
Your fragrance in my lungs
And your unrequited love, giving pain
I think I would like to learn
How to breathe again.

बस सा गया है

जब से देखी एक झलक उसकी भीड़ में मैंने,
वो चेहरा ज़हन में, बस सा गया है।

ज़ुल्फ़ों के साये में झांकता मासूम चाँद सा अक्स,
दिल के साँचे में बस सा गया है।

नाम पता खबर नहीं मालूम मुझको उसका,
फिर भी ख़्वाबों में दिया नाम ज़ुबां पर, बस सा गया
है।

और अचानक एक दिन आकर खड़ा हो गया सामने
मेरे,
ज़िंदगी की डायरी में वो लम्हा बस सा गया है।

उसका नाम मेरी धड़कनों की लय में, मेरी साँसों में,
मेरी नस नस में, बस सा गया है।

जान, जिगर, ज़िंदगी और जिस्म में, एक ज़रूरत
बनकर वो,
बस सा गया है।

और ख़ुद को देखूँ आईने में तो वो दिखता है,
मेरे किरदार में इस कदर, वो बस सा गया है।

Memory

Memory,
I met one evening,
In a season of rain.

Memory,
Very conscious about the
Losses and gains.

Memory,
As sharp as a knife.

Memory,
Tells you the value of life.

Memory,
Sometimes hidden in a book.

Memory,
Steals your heart with just a look.

Memory,
Sometimes talkative, sometimes mute.

Memory,
As musical as a flute.

Memory,
Like the fragrance of fresh flowers.

Memory,
Very apt, like a clock tower.

Memory,
Sometimes wish to be free.

Memory,
As refreshing as a cup of tea.

Memory,
Gives me a feeling of bliss.

Memory,
Is the one that I miss.

Eyes

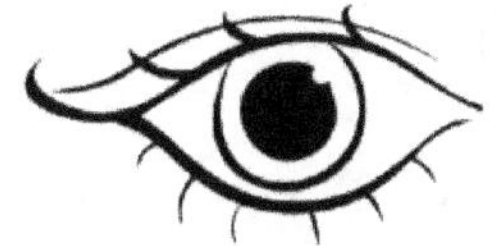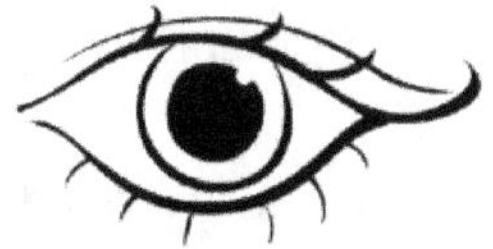

Eyes
A doorway to the heart,
A gaze, sharp enough to tear you apart
Like an oyster, beneath those hairy swirls,
Adorning the tears of pain or joy, as pearls.
Eyes
A language of expression, understood by all,
Speaks the happiness of spring and the pains of
fall.
Eyes,
A mirror of the inner core,
Eyes,
The only thing I adore.
Eyes,
Shows true intention and hues,
Eyes,
Some black, some brown, some blues.
Eyes,
Having a pair doesn't mean you can judge,
Not meant to show up for holding a grudge.
Eyes,

Shouldn't stick to someone's skin,
Eyes,
Shouldn't be a snake's akin.
Eyes,
Must differentiate right and wrong,
Eyes,
Must not turn around over a sin.

शिव, तुम स्वयं केदार हो

तुम समाधिस्त, हिम श्रृंग के गगनचुंबी, श्वेत, शीत निवासों पर,
भारी, प्रसन्न, लालायित नाम जपित उच्छ्वासों पर,

पर्वतारोहण की धूसरित, कठिन क्लांति में,
मंदाकिनी की कल-कल में, और हिमालय की गहन शांति में,

पिट्ठू, डोली, पैदल, खच्चर और घोड़े,
मुदित भक्त, शीश नवाए, बोले हर-हर, कर को जोड़े।

प्रकृति की क्रीड़ा में,
मेघों में सूर्य की तरह,
कभी प्रत्यक्ष, कभी परोक्ष हो,

तुम गढ़वाल अधीश, तुम महादेव,
तुम मोह हो, तुम ही मोक्ष हो।

विभक्त तुम पाँच भागों में,
मगर फिर भी पूर्ण हो,
शिवालिक के स्वामी तुम,
तुम जाग्रत ईश्वर संपूर्ण हो।

लीन हो अटल समाधि में,
किंतु फिर भी सुनते सबकी पुकार हो,
धरती को जग माने केदारखंड,
शिव तुम स्वयं केदार हो।

When I realised she's the one

And in that moment, it seemed like I had lived
the eternity.
Everything felt like magic
The lips were mute & eyes were constantly
uttering the praises of her beauty.
The curls of her hair,
the curves of her body,
The depth of her eyes and
Her shy, innocent smile.

And in that moment, I realised yes.

Yes, she is the one.

...तो समझो, मोहब्बत सच्ची है।

जब रसोई में ख़ाना बनाते वक़्त, हाथ तुम्हारा जले
और दर्द उसे हो,
तो समझो, मोहब्बत सच्ची है।
जब कड़ी धूप से आओ तुम और वो एक ग्लास पानी
तैयार रखे,
तो समझो, मोहब्बत सच्ची है।
जब तुम्हारे माँ-बाप को,
वो अपने माँ-बाप सा प्यार दे,
तो समझो, मोहब्बत सच्ची है।
जब शादी के वचनों को,
वो कहे प्यार से, विश्वास लिए तुम्हारी आँखों में देख
कर,
तो समझो, मोहब्बत सच्ची है।
जब आए मुश्किल दिन कभी,
और तकलीफ़ तुम्हारी उसके चेहरे पर दिखाई दे,
तो समझो, मोहब्बत सच्ची है।
जब आधी रात को रोते बच्चे को देखकर, ख़ुद उठ
जाए और तुम्हें कहे, अधूरी नींद पूरी करने को,
तो समझो, मोहब्बत सच्ची है।
और जब उम्र की साँझ में, देह के ढल जाने पर भी,
तुम्हारे बालों में गुलाब लगाकर, वो माथा चूम ले,
तो समझो, मोहब्बत सच्ची है।

लकीरें

हाथों की
माथे की
काग़ज़ की
क़िस्मत की
नक़्शे की
धरती की
सरहद की
धड़कन की
बही ख़ातों की किश्तों की
और दो दिलों के रिश्तों की

ये दुनिया और कुछ नहीं,
सब कहानी है महज़ लकीरों की।

I'll be loving you

In a world full of mascara and eyeliners,
I'll love your dark circles.
In a world full of biased standards of beauty,
I'll love your messy, morning look.
In a world full of diet regimes and gym sessions,
I'll love exploring your foodie side...
In a world full of flat and slim bellies,
I'll love wrapping my arms around your bulging
tummy.
In a world full of 'fillers' and 'fakes',
I'll love the real you.
In a world full of spotless, perfect looks,
I'll love you with your acne & stretch marks.
In a world full of no strings attached, I'll love the
time you being with me.
In a world full of no f*cks given,
I'll love managing your mood swings.
In a world full of lies and temporary, I'll love
holding that hand, forever.

देस में निकला होगा चाँद

हम तो हैं परदेस में, देस में निकला होगा चाँद
अपनी रात की छत पर, कितना तन्हा होगा चाँद

तारों की टिमटिमाहट में, किसी प्रियजन की आहट
में,
उदास सा रहता होगा चाँद
चाँदनी की मुस्कुराहट में, जुगनू की जगमगाहट में,
आँसू अपने छुपाता होगा चाँद

किसी की याद में, दिल को थामे, ठंडी आहें भरता
होगा चाँद
अपना चैन, करार, औ' नींद, नाम किसी के करता
होगा चाँद

हमने देखा है अश्कों को ओंस का मोती बनते हुए
मुद्दतों से, सिर झुकाये, गुमसुम रहा होगा चाँद

वादा करके पखवाड़े में आने का, जो ना लौटा,
ज़िल्लत से बचने, अमावस को, छुप जाता होगा चाँद

मगर इश्क में उम्मीद मुक्कम्मल कर, आस मन में
जगाता होगा चाँद
पूनम की रातों निखर फिर, इसलिए आता होगा चाँद।

तेरी आँखें आईना हैं

तेरी आँखें आईना हैं, मेरे दिल का,
इनमें मेरी तस्वीर बसाकर, पलकों का पर्दा खींच
देना।

हूँ बड़ा ही काफ़िर मैं, धूप में जला हूँ,
जब सूखने लगूँ, तो अपने प्यार से सींच देना।

मेरे दिल की धड़कन, मेरी तड़पन, मेरी चाहत,
मेरी क़ुर्बानी, मेरा कलमा, मेरी इबादत।

मेरा मौला, मेरा ख़ुदा, मेरी पूजा, रब का नूर है तू,
पास होकर दिल के, मुझसे मीलों दूर है तू।

संदल सा महकता, संगमरमर सा शरीर है,
नैन कजरारे, ज़हरीले तीर हैं।

सारी क़ायनात के गुलाब रंग जाएँ,
ऐसी तेरे लबों की लाली,
तेरे साथ मेरा हर लम्हा,
मेरी ईद, मेरी दिवाली।

तुझ बिन, जैसे ये सारा जीवन ख़ाली है,
अपनी धड़कनों को ग़ौर से सुनना,
इसमें मेरे दिल की क़व्वाली है।

अच्छा लगता है...

अच्छा लगता है तुमसे बातें करना,
तुमसे सीखना और सिखाना,
तुम्हारी बातें सुनना और समझाना,
तुम्हारा ख्याल रखना, तुमसे ख्याल पाना, देर तक
जागना, बातें करना,
अच्छा लगता है तुम्हें देखना और तुम्हारा नाम लेना,

हाँ, मुझे अच्छा लगता है, कोई रिश्ता ना होते हुए भी
तुम्हारा थोड़ा सा मेरा होना...

It's been raining all night

It's been raining all night,
And you were by my right.
My heart skips a beat,
With you in my sight.

Curls and streaks on the face, cute as a puppy
You tiny-eyed panda, sweet and chubby.

Holding my hand, curling the fingers,
Soft touch of yours, what my heart lingers.

Cuddling you, wrapping my arm,
Like sleeping in meadows, under the sun, quite
warm.

And in the night, getting you over my nerves,
Tasting dewy lips and holding your curves.

Heart racing like a horse, eyes making
confession,
Making out love, full of passion.

Hovering around and going very deep,
Kissing good night and going to sleep.

With ears warm as steam and cheeks red as rose,
In a downpour, we come and hold each other
very close.

Mark of my love, on your shoulder and nape,
Letting you go and dream, just because sleep is
an escape.

एक कालजयी प्रेम कथा

कथा ये कालजयी, कैलाशी की,
अवधूत अघोरी आशुतोष, अजर अमर अविनाशी की।
निर्मोही, निश्चल रुक्ष रुद्र पापहरणकर प्रलयंकर की,
सत्य स्वरूप सर्व सुंदर महादेव शिव शंकर की।

जय जय शिव शंकर, नाथ प्रलयंकर,
डमरू सोहे कर, रूप भयंकर। जय हे...
अंग शोभित विषधर, चंद्रमौलिश्वर,
मलय, भस्म कलेवर, नमः गंगाधर, जय जय हे...
गुंजित निनाद मधुर स्वर, बम बम, हर हर
जय गिरिजावर, सेवित गण मय नंदीश्वर। जय जय
जय हे.....
गावत लंकेश्वर, सुरासुर किन्नर, गंधर्व फणिधर,
प्रणवाक्षर,
क्षण ताप त्रय हर, देवे इच्छित वर,
शरणागत भय हर। जय जय जय जय हे...

जय नाथ पुरारी, देत्यारी, मल्हारी, भोले भंडारी, जय हे…
संग जग महतारी, बाघांबर धारी, मदन मद हारी, कालारि, जय हे…
मृत्यु भय हारी, मंगलकारी, नंदी बैल सवारी , देवे फल चारि, त्रिपुरारि, जय हे…
भजे राम अजर बिहारी, मर्यादाधारी, पावनकारी, असुरारि, जय हे…
गोवर्धन गिरीधारी, रास बिहारी, योगेश्वर कंसारि, चक्रधारी, जय हे…
आयो शरण तिहारी, कृपा तुम्हारी, दीनाश्रय कल्पारि, जय हे…

ज़हर कंठ में, नाग गले में, भस्म है तन पर, आग नयन में,
फिर भी अमृत तुम्हीं लुटाते, महादेव प्रभु, इस त्रिभुवन में।

मगर दक्ष था अभिमानी, ना जान सका तुम्हारी महिमा,
गण संग किया अपमान घोर, ना रखी मर्यादा की सीमा।

मगर तुम सदैव से रहे मलंग, लीन अपनी अटल समाधि मे,
छटपटाया तब प्रजापति, जैसे पीडा जुड़ गई उसकी व्याधि मे।

मगर पाकर वर परमपिता ब्रह्मा का, आदि शक्ति का
वो जनक बना,
बना प्रजापति, जगत का धर्मपालक बना।

करवाता हरि पूजन वो श्रद्धा निज धाम से,
मगर चिढता वो करुणामुर्ति महादेव के नाम से।

ना करता आवाहित वेदसार को, वेद परायण में,
सदा नकारता उन शिव को जो स्वयं हृदय है नारायण
के।

देवों में नहीं गिनता वो देवाधिदेव कैलाशी को,
अमंगल मानता सदा वो मरघट भूमि के वासी को।

ना जान सका कि शिव ही साक्षात ईश्वर हैं,
और अहंकार दक्ष का, उसके मोक्ष मार्ग का पत्थर है।

मगर विधि का विधान रहे, तो पत्थर में सुमन खिल
जाते हैं,
जहां ना कोई आस बसे, वहां दिल मिल जाते हैं।

घृणा करता था दक्ष जिन दिगंबर अवधूत अविनाशी
से,
दाक्षायणी प्रेम कर बैठी उन्हीं शिव शंकर कैलाशी से।

किया लग्न माता सती ने, सत्यस्वरूप परमेश्वर का,
शिव में समाई शक्ति, रूप लिया अर्धनारीश्वर का।

कई दिन बीत गए माता को प्रभु के संग बीताते,

और एक दिन माता ने देखा सब देवों को, आकाश
मार्ग से जाते।

कौतूहल हुआ सती को, पूछी बात पति से,
तब शिव जी ने कही बात दक्ष यज्ञ की माता सती से।

कहा सती ने, 'चलो हम भी चलें, वहां हम देर नहीं
करते हैं',
तब प्रभु लगे समझाने, बिना निमंत्रण कहीं पैर नहीं
धरते हैं।

मगर ना मानी माता, किया हठ दक्ष यज्ञ जाने का,
तब प्रभु ने कहा नंदी से, 'प्रबंध करो, माता के जाने
का'।

पहुंची सती पिता के घर, मगर ना कोई उसे सम्मान
मिला,
और देखा जो स्वयं है यज्ञ रूप, उन शिव को न कोई
स्थान मिला।

व्यथित सती ने तब पिता से इस अपमान पर प्रश्न
किया,
मगर दंभ में आकर दक्ष ने सती को ना उत्तर उचित
दिया।

करा माता का अपमान भयंकर, सारे देवसमाज के
आगे,
देख माता की घोर निंदा, गण सारे कैलाश की ओर
भागे।

तब सती ने स्वयं को किया मुक्त, जीवन की
आसक्ति से,
देह भस्म कर दी यज्ञ में, अपनी योग शक्ति से।

स्वयं में सती जब समाई,
शिव ने जग से, वैराग लिया।
त्याग सब श्रृंगार, केशर चंदन,
धारण पुनः भस्मराग किया।

किया दक्ष का मान मर्दन, किया तांडव, रात दिन।
और फिर मन को मनाने को हुए अनंत समाधि लीन।

तब आदि शक्ति ने शिव मिलन हेतु घर हिमालय के
जन्म लिया,
माता मैना ने अपनी राजदुलारी को पार्वती का नाम
दिया।

हुई गिरिजा तरुण मन में शिव का ध्यान किया,
तन, मन जीवन, कठोर तप से केवल शिव के नाम
किया।

एक पतित पावनी गंगा सी, एक है अघोर शिव
अविनाशी,
एक कोमल काया पार्वती, है भस्मांगी कठोर कैलाशी।

अगाध प्रेम और भक्ति करी, जगदम्बा ने शिव चरणों
की,
हिमवान कुमारी पा बैठी उपाधि अपर्णा की।

तब शिव ने देवी को दिए दर्शन, गिरिजा को पत्नी
स्वीकार किया,
हुए शिव शक्ति एक, फिर से अर्धनारीश्वर रूप लिया।

कथा अमर ये, त्याग, सरलता की शिक्षा की,
गौरी के अमिट प्रेम और शिव की गहन प्रतीक्षा की।

हर हर महादेव। 🙏

मेरी आशा

आशा थी उसके मृग से दृग में,
अंतरमन में मैं ही रहता,
वो बैठती जब पास मेरे,
रचकर नव छंद, उससे कहता।

बनकर प्रणेता रचता प्रेम जगत,
होते जहाँ तरुवर, पशु, पक्षी, मीन,
और सागर-सी उसके नेत्रों में,
क्षणभर को हो जाता विलीन।

माना है असाध्य, मनाना उसको,
जब बच्ची-सा मन उसका कुपित हो जाता है,
कभी हो जाता मौन, कभी अश्रु से मुख सिक्त हो जाता
है।

कैसे करूँ मैं वर्णन उसका,
सीमित है शब्दों का परिमाण,
वो रूठे तो सब विध्वंस करे,
हंसे तो कर दे नव निर्माण।

जान में हो बसी हुई

जो हो जान में बसी हुई,
तुम ऐसे जान बनकर
समाई हो, जैसे सरस्वती कि वीणा में
ज्ञान बनकर।
हर साँस, हर धड़कन में तुम,
कोई खूबसूरत ख़्याल बनकर,
छाई हो ज़ेहन में, कोई अनसुलझा हुआ सवाल
बनकर।
चाहे हो लाख दूरियाँ, चाहे हम हों दूर या पास,
तुम हो दिल के हमेशा क़रीब,
तुम रहोगी हमेशा ऐसे ही ख़ास।

जय जगन्नाथ

जय जगन्नाथ, जय भगवंत
भजते भक्त, साधु, संत,
जय हो श्री जगत सम्राट!
जय जगन्नाथ, जय जगन्नाथ,
जय जगन्नाथ, जय जगन्नाथ (२)

आषाढ़ी रथयात्रा, खास,
भक्तों में भरा उल्लास,
ले सुभद्र, बलभद्र, साथ,
जय जगन्नाथ, जय जगन्नाथ,
जय जगन्नाथ, जय जगन्नाथ (२)

जो मांगु, देते महाराज,
रखते भक्त जन की लाज,
देते सुख हजारों हाथ,
जय जगन्नाथ, जय जगन्नाथ,
जय जगन्नाथ, जय जगन्नाथ (२)

रथयात्रा का ये त्यौहार,
बरसे कृपा दृष्टि अपार,
सौंपा स्वयं भक्तों के हाथ,
जय जगन्नाथ, जय जगन्नाथ,
जय जगन्नाथ, जय जगन्नाथ (२)

आया प्रसंग ये अनमोल,
बजते शंख, झांझर, ढोल,
प्रभु आज आए स्वयं साक्षात,
जय जगन्नाथ, जय जगन्नाथ,
जय जगन्नाथ, जय जगन्नाथ (२)

जय जगदीश, जय रणछोड़,
करूं विनती हाथ दोई जोड़,
रहना सदा संग श्री नाथ,
जय जगन्नाथ, जय जगन्नाथ,
जय जगन्नाथ, जय जगन्नाथ (२)

नाथ का सुंदर, मनोहर मुख,
भक्तजन पावें दर्शन सुख,
पूरण हो सभी परमार्थ,
जय जगन्नाथ, जय जगन्नाथ,
जय जगन्नाथ, जय जगन्नाथ (२)

उड़ता केसर, रंग, गुलाल,
भक्तों की भीड़ आए विशाल,
जोड़ें हाथ, शरण में माथ,
जय जगन्नाथ, जय जगन्नाथ,
जय जगन्नाथ, जय जगन्नाथ (२)

जय जगन्नराय, जय जगदीश,
जय अनंत, जय अवनीश,
जय श्री कृष्ण, जय जगतात,
जय जगन्नाथ, जय जगन्नाथ,
जय जगन्नाथ, जय जगन्नाथ (२)

हरि का नाम, सुख का धाम,
भजते भाव से घनश्याम,
भवसागर में रखना याद,
जय जगन्नाथ, जय जगन्नाथ,
जय जगन्नाथ, जय जगन्नाथ (२)

नीलमाधव लिखूं ये छंद,
अज्ञानी, मति ये मंद,
रखिए सर पे सदा ये हाथ,
जय जगन्नाथ, जय जगन्नाथ,
जय जगन्नाथ, जय जगन्नाथ (२)

जीवन निरंतर चलायमान

जीवन है निरंतर चलायमान,
अनंत और दूरगामी है।

भीषण झंझावातों ने भी,
इसकी रफ़्तार नहीं थामी है ।

जीवन की इस यात्रा में मार्ग,
कभी सीधे तो कभी वक्र है ।

सुख-दुख, काल, सबसे परे,
निरंतर घटित ये जीवन चक्र है ।

वादा

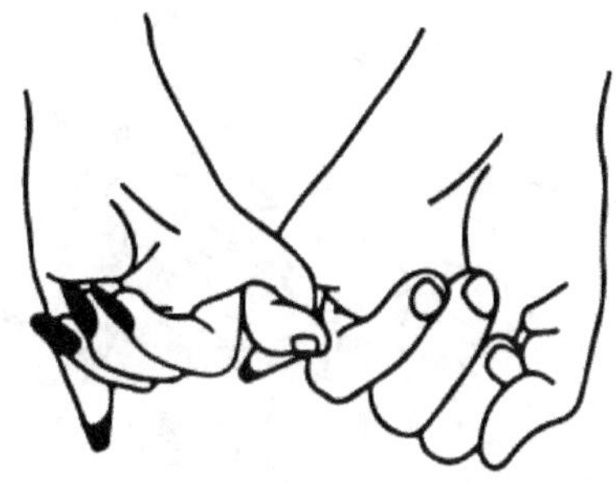

छोटे-छोटे वादों पर ही पूरी दुनिया टिकी है,
किसी के लिए वही ज़िंदगी है,
ये जो छोटे छोटे वादे हैं,
यही तो रिश्तों के इरादे हैं,
छोटी ख़ुशियां, छोटे ख़्वाब, छोटी-सी कोई आस,
वही तो बतलाती है कौन रहेगा दिल के पास,
और जब ये छोटे वादे पूरे ना होते,
मन को मिलता है ग़म,
सागर जैसी आँखें भी तब हो जाती हैं नम,
माना छोटे-छोटे कदमों से, पर्वत झुकता ज़रूर है,
मगर कांटा छोटा ही क्यों ना हो, चुभता ज़रूर है।

आँखों का बादल

बरस रही हैं जो आँखें, बादलों का रूप लेकर,
लौट ना जाएं फिर से, मुझको कुछ यादें देकर।

ये जो बारिश आई है और कलियाँ मुस्कराई हैं,
कौन ऐसा है आया, कि दूर हुई तनहाई है।

नन्ही-नन्ही बूँदें प्यारी, मुझे लगे जैसे मिठाई,
बरस के जैसे दिल का पेट भरने आई।

ये घनघोर घटा छाई,
मोर मन के नाच उठे।

आषाढ़ का पहला बादल, बरस गया है आज।
मोर नाचे पंख पसारे, सर पर सजाए ताज।

बादलों की आँखों से छलकते आँसू खुशी और बहार
लिए,
तारों पर बूँदें चमके ऐसे, जैसे चांदनी रात में दिए।

ये मौसम तो बरसेगा साहब, इस मौसम में,
कई कलेजे के टुकड़े दूर चले जाते हैं घर से।

मोहन अवश्य मिल जाएगे

माना कि वक़्त मुश्किल है आन पड़ा,
अब मिलता पहले सा प्रेम नहीं।

बातें सब मौसमी हो चली हैं,
पूजा अब कोई नित नेम नहीं।

तन से तन तक का मेल है जो,
लोग इश्क़ नाम उसे देते हैं,
और मन से जो करते हैं चाहत,
पागल उसे नाम देते हैं।

मगर जो दिल की आँखों से देखो तो,
काँटों में भी फूल मिल जाते हैं।
हो हृदय की मरुभूमि बंजर,
वहाँ प्रेम सुमन खिल जाते हैं।

और माना आज के कलियुग में,
अब प्रेम नहीं रहा पावन,
मगर एक बार तो करो जतन,
ये आग बुझाने की बनकर सावन।

जो प्रेम जगत में खोजो तो,
कदाचित् पर्वत भी हिल जाएँगे।
हो त्याग, समर्पण और स्वीकार्य मीरा सा,
मोहन अवश्य मिल जाएँगे।

कैसे मैं कहूँ, कि प्यार है तुमसे

कैसे मैं कहूँ, कि प्यार है तुमसे,
ये बारिश का मौसम, सर्दी-गर्मी, मेरी सारी बहार है
तुमसे।

तुम्हें देखता ही तो लगता है की जैसे
हंस पड़ेगी खिलखिलाकर आँखें ये मेरी
बंद करूँ जो पलकें तो लगे जैसे
दिल के साँचे में ढली हो तस्वीर तेरी

कैसे में तुम्हें अपने दिल की कहानियाँ सुनाऊँ,
तुम रूठ भी जाओ, तो इतनी प्यारी लगो,
की मैं सोचूं, तुम्हें निहारूँ या तुम्हें मनाऊँ।

कहूँ दिल की सारी बातें तुमसे,
और तुमसे ही कुछ कह ना पाऊँ
जग ज़ाहिर कर दूँ ये क़िस्सा मेरा,
या खुदाई ही खुद का हाल छुपाऊँ।

बैठकर तुम्हारे साथ, बस तुम्हें ही देखता जाऊँ,
सँवारो जब तुम ये ज़ुल्फ़ें, उस पल में अपना दिल हार
जाऊँ।

मेहँदी मेरे नाम की रचाओ जो तुम हाथों में,
इन हाथों को कभी छोड़कर ना जाऊँ
लेकिन अब जो हो रही हो किसी और की तुम
कैसे तुम्हें भुलाऊँ मैं।

संसार की विडंबना

संसार की विडंबना बड़ी अजीब-ग़रीब
वही आपसे छल करते, जो होते हैं आपके क़रीब

रहते जो धीर-गंभीर मगर वो नाचते जैसे मर्कट,
खींचते एक दूजे की टांग, जैसे टोकरी में कर्कट

करते रहते व्यर्थ प्रलाप, जब रहना होता मौन,
कितने ही हो गुणवान, किंतु तब, सारे गुण हो जाते गौण

बनते रहते हैं और माने जाते वो ज्ञान कला मर्मज्ञ,
किंतु होते वे कलाजन्य विनम्रता से अनभिज्ञ

अपने ही मुख से जन को अपनी कीर्ति गाते हैं
पा भी जाएं जो प्रसिद्धि, सायुज्य नहीं पा पाते हैं

सुंदरता

सुंदरता नहीं होती,
चाँद से उजले माथे पर,
या ज़ुल्फ़ों से ढकी साँवली-सी सूरत पर
झील-सी गहरी आँखों में,
या मुस्कान की खूबसूरती में

ना मर्मरी बाँहों में,
ना ठंडी-गर्म आहों में
ना सुडौल, नर्म, मुलायम, उरोजों में,
ना कमर की बलखाती मौजों में

ना कमसीन-सी उस नाभि के उतारों में
ना स्त्रीत्व के नाज़ुक, भग्न उभारों में
ना सहारा बनती उन शानों में,
ना इतरा कर चलती इन मांसल रानों में

ना कँवल-से कोमल पाओं में
ना शहरों में, ना गाँवों में

सुंदरता है तो बस
देखने वाले की अपनी निगाहों में।

गाँव

अच्छी लगती है, वो गाँव की गुनगुनी धूप,
सिर पर मटकी रखे इठलाकर चलता निर्मल रूप।

अच्छी लगती है, अल सुबह मुर्गे की वो बाँग,
अधनंगे बच्चों की तालाब में छलांग।

अच्छा लगता है, भैंस का पानी में जाना,
वो गर्दन तक ठंडे पानी में उतर जाना।

अच्छी लगती है, सुबह-सुबह खुली साफ़ हवा की
खिड़की,
वो गोधूली में गडरियों की मवेशियों को प्यार भरी
झिड़की।

अच्छी लगती है, पूरे गाँव संग मनाई वो तीज त्यौहार,
दो लड्डू ज़्यादा खाने की वो मीठी मनवार।

अच्छा लगता है, कोयल के गले से निकल मीठा राग,
लकड़ियों से चूल्हे में जलती हुई आग।

अच्छी लगती है, बछड़े संग चारा चरती गाय,
ठंडी रोटी के साथ गरम-गरम चाय।

अच्छी लगती है, खेतों में बारिश की पहली फुहार,
तप्त से संतृप्त होने का त्योहार,

यह मंद होती धूप और छाँव, स्वर्ग सा सुंदर अपना
गाँव।

43

मन के घाव

घाव देना तो आजकल लोगों का है चाव
मरहम लगाने वालों का यहाँ तो है अभाव।

मन को छूना तो दूर
उसको समझना ही बेहाल है।
मन के साफ़ लोगों का जीना ही मुहाल है।

ये तो सत्य है जीवन का
कभी धूप है कभी है छाँव
तन के घाव हर कोई देखे
कोई ना छूता मन के घाव।

हाँ, लौटना है मुझे।

हाँ, लौटना तो है मुझे
अपने बूढ़े पहाड़ तक
अठखेलियों में मग्न अपनी नदियों तक

तुमने कहा था न,
कि कितना ही दौड़-भाग लो तुम,
लौट यहीं पर आना होगा,
ये गलियाँ, ये आँगन, मुश्किल इन्हें भुलाना होगा।

छू लो चाहे जितने सफलता के क्षितिज तुम,
अपनी जड़ों को छोड़ नहीं सकते।
जो रिश्ता भूल चुके हो गांव की मिट्टी से,
इतनी आसानी से तोड़ नहीं सकते।

साधन जुटा लो आराम के तुम,
चैन नहीं पा पाओगे।
सुकून की तलाश में,
फिर यहीं पर आओगे।

यहाँ आशीर्वाद है बुजुर्गों का,
छोटों की मनवार है।
तुम्हारी पेशानी चुमने को,
ये बूढ़े, कंपकपाते होंठ कब से तैयार है।

कितने ही व्यस्त हो जाओ,
एकबार तो घर आ जाओ तुम।
इस मिट्टी को आज भी तुमसे प्यार है।

किसको अब खास कहें

सौ लोग राह में मिलते हैं,
हम किस-किस को अब खास कहें।

हर ज़र्रा इसका घायल है,
कैसे किसी को इस दिल के पास करें।

हर पल आँसू बहते हैं,
ग़म से हैं लम्हे भरे-भरे।

दूर रहता हूँ ऐतिहातन ऐसे लोगों से,
जाने कौन ख़ुशी बने, कौन उदास करे।

बोल देना अच्छा होता है

कभी-कभी कुछ बातों को बोल देना अच्छा होता है,
इस तरह ज़ख्मों को खोल देना अच्छा होता है।

यूँ तो हर कोई हमारी बात सुनता है,
मगर, कोई उसमें से ना जज़्बात चुनता है।

सबको अपना मानकर सारी बातें बोल देते हैं,
दिल की किताब में जो होता है, खोल देते हैं।

जानते हैं, कोई ना समझेगा हमारी बातों को,
दिल से जुड़े इन नातों को।

कभी हमारी बातों से कोशिश करेगा हँसाने की हमें रातों को,
याद करके उन हसीन मुलाकातों को।

उन्हें क्या पता, इस हँसी से हमने दोस्ती कर ली है,
और इसमें छिपे ग़म से बंदगी कर ली है।

अब तो इंतज़ार है उस शख़्स का,
जो इन ग़मों की ज़ंजीर तोड़ेगा।

और इस झूठी हँसी को हटा,
सच्चा प्यार दिल में छोड़ेगा।

एक अरसा बीता दिया अकेले, तन्हा, ख़ामोश हमने,
ख़ुद ही ख़ुद में खोजते पर्याय के लम्हे।

दिल से टुटे, ग़म से छुटे
किसी से अधुरी मुलाकात में, ख़ामोशी भरी रात में।

एक दबी सी सिसकी, जो सीने में छुपा गई,
एक फ़ांस याद की, दिल में जो चुभ गई।

कोई आकर उसे निकलेगा,
जो आईना दिल का बिखर गया है,
उसके टुकड़े सँभालेगा।

Let's make

Let's make
Through thick and thin of life,
Through brightest day and darkest night,
To stick more stronger,
after every indifference or some fight
Never giving up, leaving back what happened in
past
Holding hand in hand, with grace of God, till the
breaths last.

तुम जैसे चाँद सरीखी

तुम जैसे चाँद सरीखी,
थोड़ी मीठी, थोड़ी तीखी,
तुम जैसे मेरी शाम, तुम जैसे मेरी भोर,
साँवले से माथे पर जैसे चन्द्रकोर।
तुम बस जाओ मेरे मन में,
खो जाओ मेरी बाँहों में।
जैसे गगन में सजा है ध्रुव तारा,
और चंद्रमा शिव की जटाओं में।

The Escapade of Dreams

In the galleries of memories and reality,
With half-drowsy eyes and half-awoken mind,
I had my escapade of dreams.

When my own breath was against me,
Making me conquer every moment.
I was about to make in my upcoming life,
When everyone prayed for a miracle,
In that very instance,
I had my escapade of dreams.

When the world tried me to set
in their preconceived notions and mould,
Of so-called success and obedience,
I denied to accept, revolting with my words,
In that very fraction of time,
I had my escapade of dreams.

When the whole system was into a rat race,
Of learn, earn, marry, reproduce and die,
With no other aim to follow, not asking how and
why,
I questioned the very core of this practice and, in
quest of its answer,
I had my escapade of dreams.

With a desire to serve my motherland,
Toiling day and night to be worthy,
To that olive green uniform.
Yet failing to be part of the front line.
Consoling my broken heart and withered soul,
And in that juncture of solace,
I had my escapade of dreams.

When everyone looked for love,
and made false promises,
To lurk the other one and deceit oneself,
In my lone wolf path,
Realising the beauty of solitude,
I had my escapade of dreams.

Facing rejection from all around,
When my words came back to me.
Gloomy, lost and damp,
With weariness of life and tears of failure,

I picked myself, my soul, my courage, my paper
and my pen,
And as I penned down my feelings with more
enthusiasm,
With every stroke of the pen,
I had my escapade of dreams.

वैशाख के आते ही

वैशाख के आते ही,
चलने लगती हैं जब
गर्म, झुलसाती हवाएँ,
मुरझाने लगते हैं पत्ते
और बातों में आने लगता है
जैसे कोई निपात,
याद आता है तब,
माँ का वो सूती आँचल,
सर पर रखा हुआ।
कोई छतनार नीम का वृक्ष,
जैसे हो पिता।
जीवन के खट्टे-मीठे संस्मरण,
हो जैसे कोई आम।
और एक सुकून,
जैसे प्यासे को मिल गया हो
मरुभूमि में पानी,

किसी मिट्टी के घड़े का।
और झड़ जाते हैं जो पत्ते,
तरुवर के देह से,
देते हैं संदेश,
त्याग और नव कलेवर का।

ज़िंदगी और चाय

ज़िंदगी और चाय, एक सी ही तो होती हैं।
तन के कप में, वक़्त के हर घूँट के साथ कम होती,
और मन माँगता है, एक कप और हो जाए।
कुछ यादें बेस्वाद पानी-सी, कुछ दूध-सी साफ़,
उजली।
कुछ कड़वी चाय की पत्ती-सी, कुछ शक्कर की तरह
मीठी-सी।
कुछ अदरक की तरह तीखी-तीखी, कुछ इलायची-सी
ख़ुशबूदार,
कभी कड़क तो कभी कटिंग-सी, जीवन की भागदौड़
में खौलती हुई।
ज़िंदगी और चाय, एक सी ही तो होती हैं।

तीन आविष्कार

यूँ तो मानव ने विज्ञान से दिया कई चीज़ों को आकार,
पर उनमें से तीन लगे मुझे मुख्य आविष्कार।

पहली आग – जिसके जलने से रोशन हुए घुप्प अंधेरे
में डूबे भूखंड,
मिट्टी, चमड़े, पत्तों से ढँकी देह को कँपाने वाली ठंड,
जो, जब जलती थी, तो पेट की आग बुझती थी।

दूसरा पहिया – जिसने सभ्यताओं का रूप बदला,
मानव बन गया उदार, जानवरों पर कम हुआ भार।

तीसरी लेखन शैली – जिसने सभ्यता के समय को
समझाया,
पत्थर, काग़ज़, स्क्रीन पर गढ़कर नया इतिहास
बनाया।
जिसने एक कवि को वेदव्यास और वाल्मीकि बनाया।
जिसके कारण विचार सारी दुनिया में फैल जाते हैं।
जो अगर ना होती, तो शायद ये कविता आपके सामने
ना होती।

तुम

तुम गुलमोहर की शाख़ पर सजी कली के जैसी,
तुम अनदेखी, अतरंगी, अनोखी, बनारस की किसी
गली जैसी।
तुम इठलाती जैसे गंगा की धार,
तुम गर्मी, तुम सर्दी, तुम सावन, तुम बसंत बहार।
तुम घुँघराले कुंतलों में ढके चाँद से चेहरे की कविता
का छंद,
तुम जैसे झुलसाती धूप में माँ के आँचल की छाँव,
मंद-मंद।
तुम चाँदी की छलनी में छनकर आती चाँदनी की छवि
जैसी,
विरला ही शब्दों में ढाल सके, सादगी की मूरत, कोई
कवि ऐसी।

कुछ लड़के

कुछ लड़के नहीं देखते
गालों का रंग, उभरे हुए वक्षस्थल को।
वो देखा करते हैं आँखों में
और उसी में खोना पसंद करते हैं।
उन्हें नहीं अपेक्षा होती
किसी शारीरिक सुंदरता की,
बस चाहिए होता है
एक सुंदर मन।
वो नहीं चाहते चूमना
नर्म गुलाबी होंठों को,
वो बस चाहते हैं
ता'उम्र हाथ पकड़कर चलना।
वो नहीं पसंद करते 'तुम' लगाकर बोलना,
'जी' लगाते हैं नाम के अंत में।
वो कुछ लड़के पूर्णतः भिन्न होते हैं
तथाकथित मर्द और उनकी मर्दानगी से,
और वो उस पौरुष को दिखाने के
कतई पक्षधर नहीं होते।
उन्हें भली-भाँति मालूम होता है इसका परिणाम।
वो नहीं चाहते साथ बस बिस्तर पर,
वो चाहते हैं एक दोस्त, एक समझने वाला,
जिससे कह सकें हर वो बात
जिसे वो बस खुद से कहते आए हैं आज तक।
वो नहीं दिखाते रौब ज़रा सा भी,
और तनिक भी हिचकिचाते नहीं

अगर सही करना पड़े चुन्नट साड़ी की और बनाते हैं
वो उसे बैठ अपने पाँव पर।
वो नहीं चाहते अपनी
प्रेमिका के समक्ष नकली मजबूत बनना,
वो चाहते हैं काँधे पर उसके
सर रख रोना, फफक सकना।
और,
वो कुछ लड़के बस अब कुछ ही बचे हैं।

इंतज़ार

जीवन की साँझ में, जब साथ छोड़ने लगता है,
तन, मन, दमख़म, जीवन और हमदम।
तब ज़रूरत होती है झुर्रियों भरे काँपते हाथों को,
किसी अपने के साथ की।
उम्र एक गुज़ार देते हैं जो बच्चों की मुरादों पर,
बैठाकर रखा था ख़ुशी से जिनको काँधों पर।
और रखी थी जिन्होंने सर पर आँचल की छाँव,
नन्हे क़दमों से क़दम मिलाते माँ के पाँव।
उठाई ज़िम्मेदारी बिना शिकायत किए,
जल-जल के ख़ुद स्याह हुए, तुमको उजाले दिए।
जब वही चराग़ लगने लगे बोझ,
तो लगता है ऐसा घाव, जिसको मिलता नहीं सोज़।
और रह नहीं पाते मज़बूत जब रिश्तों के धागे,
जब परवरिश झुक जाती है अपने ही ख़ून के आगे,
और मर जाता है आँखों का पानी, ग़ैरत और शर्म,
छोड़ जाते हैं तब बच्चे अपने ही पालनहारों को
वृद्धाश्रम।

मगर वो ये नहीं जानते कि उन्हें क्या महसूस होता है,
हो शोर हर ओर तो भी अंदर एक सन्नाटा होता है।
समझ नहीं आता कुछ दिन की कहाँ ग़लत हो गया
सब,
उम्मीद लगी रहती है कि उन्हें लेने कोई आएगा अब।
मगर मिलती है बस एक मायूसी हर बार,
चाहे औलाद का हो या मौत का,
उन बूढ़ी आँखों में बस रह जाता है एक
इंतज़ार।

देखो नज़र के सामने

उठाओ पलकें, देखो नज़र के सामने,
कोई खड़ा है हाथ तुम्हारा भी थामने।
झुमकों के पीछे ज़ुल्फ़ें सजा दूँ,
नज़र का एक टीका लगा दूँ तुम्हें।
जो मेहंदी में छुपाती नाम मेरा,
मैं दिल में अपने छुपा लूँ तुम्हें।
और भीड़ की नज़रों से बचकर, पल दो पल को हो
जाता गुम,
मुस्कुराहट जो है लबों पर, मुस्कुराने की वजह हो
तुम।
मगर ये बात कह नहीं पाते हैं, कहते-कहते ही रुक
जाते हैं।
हाल जो है तुम्हारा, हमारा, बयान हो नहीं पाता है।
लिखने को ग़ज़ल ओ' किताबें लिख दूँ तुम पर,
कहने को मगर एक हर्फ़ भी तुमसे, दिल घबराता है।

पाती शहीद की

लिख रहा हूँ ए कुटुंबी, आज अंतिम ख़त तुम्हें,
और स्याही बनी है, आज बहता रक्त ये।
हे पिता! करना क्षमा, ना ऋण चुका पाऊँगा,
लेकर नयी छड़ी, मैं शायद फिर कभी ना आऊँगा।
और अब जो हुआ हूँ, शहीद मैं तो,
देखे जिनपर चढ़कर मेले, उन काँधों पर ही जाऊँगा।
कर क्षमा बहन मुझको, तुझसे ना मिल पा सका,
अबकी राखी जो भेजी तुमने, उसका उपहार ना ला
सका।
मेरे ना होने पर अब तुम, नैनों के पुल ना खोलना,
मेरे पीछे मेरी वर्दी को ही वीरा बोलना।
हे अनुज! ना हो दुखी, भ्राता तेरा रणवीर था,
झेल वारों को वक्ष पर, ना डिगा, ऐसी वो प्राचीर था।
सिंह सा गरजा था रण में, जैसे कोई शूर है,
शत्रु भी मृत्यु पर जिसकी, आज ग़म में चूर है।
हे प्रिये! तुम मान रखना, मेरे इस बलिदान का,
मेरे राष्ट्र प्रेम का और उसपे मेरे अभिमान का।
गर्वित रहना सदा, ना चुनना तुम कभी अब क्रंदन को,

अंतिम इच्छा मेरी यही, मातृभूमि हेतु भेजना अपने नंदन को।
माँ! तेरे चरणों में अब ये शीश धरता हूँ,
वीर सा था जिया मैं, वीर सा अब मरता हूँ।
जानता हूँ तेरा मुझपे एक और उपकार चढ़ेगा,
मातृभूमि के लिए तुझे, मुझको फिर से जन्म देना पड़ेगा।

वसुधा

कितना प्रेम है तुमसे, पता नहीं उसकी सीमा,
ना आदि, ना अंत, चाहूँगा जीवन पर्यंत।
अविस्मरणीय है मेरे लिये, स्पर्श मृदा का वह कोमल,
सलिलाओं के हैं मुक्त हार, रत्नों से सुंदर शुभ्र कमल।
शरद चंद्र भी शरमाए, इतना निर्मल तेरा आँचल,
तुंग हिमालय ताज तेरा, नीलगिरी सा है काजल।
सागर से तुझको है कुंडल, मैदान है तेरा वक्षस्थल,
रेतीले तट हैं हस्त तेरे, सिंधु से धुलते चरण कमल।
चंदन से सुगंधित अंग तेरा,
परम सुखकर है संग तेरा।
हे अंश तेरा भी मरुस्थल, शौर्य साहस है सदा
अविचल,
बह जाती है रुधिर गंगा, जो कोई खींचे तेरा आँचल।
हैं रत्न चतुर्दश गर्भस्थ तेरे, न हो कभी सूर्य अस्त तेरे,
हरित रहे सदा ये धरती श्यामल, लगते हैं सिंहों के
पहरे।
मेरा उर हो या हो अंतःस्थल, उद्घोषित होता है हर
पल,
तेरा नाम पड़ा जो कर्णों में, हृदय में होती है हलचल।
तू प्रेममयी, तू नेहमयी,
तुझ-सा ना जग में और कोई।
बन जाऊँ मैं नंदन तेरा, तू बन जाना बस मेरी माँ,
कितना प्रेम है मुझको तुमसे, पता नहीं उसकी सीमा।

भारत की आरती

ये धरती बड़ी पावन है, आओ करें हम इसकी आरती,
दान, त्याग, शौर्य, साहस ही है धर्म जहाँ, ऐसी धरा ये
भारती।

ये धरती वीर प्रसूता है, यहाँ वीरता का अंकुर फूटा है,
नारी है दुर्गा जहाँ, सिंह समान दहाड़ती, ऐसी धरा ये
भारती।
करें हम इसकी आरती।

उठो नवयुवकों, बढ़ो अब उन्नति की ओर,
कि ख़ुशहाली का सावन बरसे, नाचे सबके मन का
मोर,
ख़ून-पसीने से सींचती धरा,
है महाकवि, कलाकार और ज्ञानी,
जहाँ लज्जा और शील, नारी को है संवारती, ऐसी धरा
ये भारती।
करें हम इसकी आरती।

माटी इसकी चंदन है, सुत इसके सिंह-नंदन हैं,
सुख, शांति, सौंदर्य जहाँ, प्रकृति है बरसाती, ऐसी धरा
ये भारती।
करें हम इसकी आरती

एक ऐसा हिंदुस्तान हो

जहाँ ना सिर्फ़ ऊँचा ख़ानदान हो, ना कोई ग़रीब हो
परेशान,
पर जहाँ सबका समान सम्मान हो, कुछ ऐसा हो मेरा
हिंदुस्तान।

जहाँ है देश अपनी जान, तिरंगा अपनी शान, देश की
रक्षा अपनी आन,
जहाँ देश के लिए न्योछावर अनेकों जान, कुछ ऐसा हो
मेरा हिंदुस्तान।

जहाँ सबको मिले रोटी, कपड़ा, शिक्षा और मकान,
जहाँ सुरक्षित हों सबके प्राण,
जहाँ ईमानदारी से हों सारे काम,
जिससे दुनिया में हो हमारा नाम,
कुछ ऐसा हो मेरा हिंदुस्तान।

कश्मीर

कहते हैं अगर स्वर्ग कहीं है, तो यहीं है, यहीं है, यहीं
है।
मेरा स्वर्ग धधक रहा है, बहक रहा है।
केसर की ख़ुशबू खो रही, बर्फीली घाटियाँ रो रही।
बारूद के धमाकों में, उछले अंगारों में, मेरा कश्मीर
पिसता है।
आँखों से आँसुओ की जगह लहू रिश्ता है।
मगर उम्मीद की आँधी से बिखरेगा धुएँ का ग़ुबार,
नफ़रत की बर्फ पिघलेगी, घाटी में फिर छाएगी बहार।

तारे टिमटिमाते हैं

जब साँझ ढले और रात चले, तब अलसाए नैनों को मले,
हम स्वप्नलोक को जाते हैं, तारे टिमटिमाते हैं।

झींगुर झन्-झन्-झन् राग करे, जुगनू जलकर तन आग करे।
फूलों के आँचल भी ओस से भर जाते हैं, तारे टिमटिमाते हैं।

और चाँदनी रात में जब, दूर आम पर कोयल कूके,
मदमस्त नीम की ठंडी बयारों से जब, डालियाँ झुक जाती हैं।
अंग-अंग में जलतरंग के नग़मे बज जाते हैं, तारे टिमटिमाते हैं।

मिलने की ख़ुशी में

हीरे जैसी आँखें उसकी, चाँदी जैसा है चेहरा,
मोती जैसे दाँतों पर, माणिक से होंठों का पहरा।

तीखी-तीखी बातें उसकी, मीठी-मीठी बोली है,
दो-धारी तलवार कभी वो, कभी बंदूक़ की गोली है।

काश, दिख जाए कहीं वो, मैं प्रेम का दीप जलाऊँगा,
उसके मिलने की ख़ुशी में, राग मल्हार सुनाऊँगा।

मेरी चेतना

रात रंगीली है, श्वेत सहर,
अरुणोदित सूर्य का है प्रहर,
तब नींद के कुहासे से बाहर आती, मेरी चेतना।

जब मानव विवेक खो जाता है,
झेल दमन सबका, सो जाता है,
तब इसे झकझोर उठाती, मेरी चेतना।

जब प्रजातंत्र के क़िले में,
राजशाही की बू आती है,
तब आंदोलन की सौंधी ख़ुशबू लाती, मेरी चेतना।

जब अधिकारों का होता शोषण,
लालसा पिपासु का हो पोषण,
तब निर्बल को देती बल धारोष्ण, मेरी चेतना।

जब महंत-मोमिन झगड़ाएँ,
भगवान-ख़ुदा से टकराएँ,
तब अंधे अनुचरों को समझाए, मेरी चेतना।

तन मेरा भूलों का पुतला है,
कभी दफ़्न हुआ, कभी जला है,
पर मृत्यु-पर्यंत भी जीवित है, मेरी चेतना।

मेवाड़ की गाथा

कहानी जो भूल गया जगत, वो बतलाता हूँ,
शब्द-सुमन इस पावन भूमि को चढ़ाता हूँ,

ये भूमि है शौर्य, त्याग, बलिदानों की,
मिट्टी के मान पर मिटने वालों के अभिमानों की,

शीश कटे और धड़ लड़े, ऐसे अमर वीरों की,
पन्ना, प्रताप, मीरा, सांगा, हाड़ी रानी और हमीरों की,

जहाँ बप्पा रावल ने राज प्रभु एकलिंग के नाम किया,
बनकर दीवान स्वयं यहाँ, राजधर्म का सारा काम
किया,

जहाँ पद्मिनी अमर हो गई जल जौहर के अंगारों में,
गोरा बादल से बालक भी कूद पड़े तीर तलवारों में,

जहाँ कुंभा ने तुर्कों के विजय रथ का पहिया मोड़ा था,
८० घाव लगे तन पर फिर भी सांगा ने रणभूमि को
नहीं छोड़ा था,

जहाँ मीरा ने भक्ति में विष का भी पान किया,
जहाँ पन्ना ने देश की खातिर चंदन को बलिदान
किया,

पहला स्वातंत्र दीप जला था भारत का इसी माटी में,
साक्षात महाकाल लड़ा था प्रताप बन हल्दीघाटी में,

जहाँ चेतक जैसा जीव भी राष्ट्र की खातिर अड़ गया,
लेकर प्रताप को अकबर के सेनानायक पर चढ़ गया,

झुक गई थीं जब तलवारें दिल्ली के दरबारों में,
तब मेवाड़ अटल खड़ा था तोपों के अंगारों पे,

गीता के उपदेश वाला मुख तुर्की दहलीज़ पर थूक नहीं
सकता,
शीश झुका जो एकलिंग के आगे, वो कहीं और झुक
नहीं सकता,

भय मृत्यु का नहीं हमको, रणचंडी के हम पुजारी हैं,
हमारा एक-एक वीर लाखों तुर्कों पर भारी है,

धिक्कार उन राजवंशों पर जो तुर्की चरणों में शीश
धरते हैं,
मृत्यु कायर की होती है, हम तो वीरगति को वरते हैं,

किया रण महा भीषण, सार्थक अपना नाम किया,
अकबर के अहंकार का राणा ने काम तमाम किया,

शरणागत वत्सल नारायण के भक्तों को शरण दिया,
एक लाख शीश कटने पर भी अभय का वचन दिया,

महाकाल का साथ यहाँ पूरा दिया भवानी ने,
रण जाते पति को अपना शीश दिया था हाड़ी रानी ने,

आए थे स्वयं जगन्नाथ यहाँ, जगदीश रूप धरकर,
प्रकटे थे द्वारिकानाथ, चारभुजा जी रूप धरकर,

मेवाड़ की केसर पताका कभी झुकी नहीं,
आज़ादी की आँधी यहाँ कभी रुकी नहीं,

नारी यहाँ सिंहनी जैसी, नर यहाँ माटी के नंदन हैं,
श्री एकलिंग जी की पुण्य धरा को कोटि-कोटि वंदन
है।

शिकायत

उनकी मुझसे शिकायत है, कि हम अक्सर मायूस
ग़ज़लें ही क्यों बनाते हैं,
क्या मुस्कुराते चेहरे, टिमटिमाते तारे, जगमगाते
जुगनू हमें नज़र नहीं आते हैं?

चलो लिख भी दें कोई शेर औ' ग़ज़ल उन पर, मगर
क्या उन्हें मंज़ूर होगा?
और लिखकर उन्हें भेजें कैसे, पता उनका बड़ा दूर
होगा।

और क्या लिखें, बारे में आपके कुछ भी तो नहीं
जानता,
बस मेरी कल्पना से आपको, लफ़्ज़ों में हूँ ढालता।

चाहूँ भी तो बारे में आपके ज़्यादा बयां कर नहीं
सकता,
हो एक नदी-सी तुम, छोटे से पन्ने में पूरा भर नहीं
सकता।

जिस तरह ख़ुशबू हवा की मोहताज है,
जैसे साज़ की पहचान, उसकी आवाज़ है।

जिस तरह फूल की पहचान है उसके रंग से,
जैसे समंदर की पहचान है उसकी लहरों की तरंग से।

ज़हन में मेरे आपकी एक ही पहचान बसी है,
वो नटखट-सी नज़रें, झील-सी आँखें और भोली-सी
हँसी है।

I am yet to find someone

I'm yet to find someone who,
Loves me unconditionally,
Accepts me the way I am,
Makes me complete,
And avoids tantrums or blame games,

Who caresses my hair when I am half awaken,
Who holds me, gathers me, when I am shaken.

More than being intimate, must be into me,
Who laughs at falling from a bicycle together,
And blows kisses on our chipped knees.

Who tastes my dishes,
Whenever I cook,
Be a bookmark,
To my books

Who gives me a feeling,
What a thirsty traveller gets,

On looking at a serene brook,
Who values me for my heart,
And not for my riches or looks.

With whom every morning is beautiful,
And every evening a romantic date,
Who will be my best better half,
My true soul mate.

...तो कहना

तू मुझसे नज़रें मिलाकर तो देख,
तेरी आँखों में खुशियों के तारे ना भर दूँ तो कहना।

ज़रा जुल्फ़ों का पहलू उठाकर तो देख,
ये जहाँ तुझ पर ना लुटा दूँ तो कहना।

तू मुझसे हाल-ए-दिल सुनाकर तो देख,
तेरी आवाज़ को अपनी धड़कन ना बना दूँ तो कहना।

तू मिल तो सही किसी काग़ज़ की तरह,
तुझ पर लफ़्ज़ों से तस्वीर ना बना दूँ तो कहना।

तू अपने अश्क बहाकर तो देख,
इन्हें अपनी आँखों में ना समा लूँ तो कहना।

बरसो तो यूँ बरसो कि सावन भी रश्क करे,
इस बरसात में इश्क का बाग़ ना लगा दूँ तो कहना।

तुम मिलो तो सही किसी महफ़िल में हमें,
मैं उसमें लफ़्ज़ों से आग ना लगा दूँ तो कहना।

तुम एक बार दिल लगा कर तो देखो,
मैं तुम पर जान ना लगा दूँ तो कहना।

तुम याद आती हो

बादलों के पर्दे में छिपी चाँदनी की कसम,
तुम याद आती हो।

फूलों की हथेलियों में छिपी ख़ुशबू की कसम,
तुम याद आती हो।

सीने में आती-जाती साँसों की कसम,
तुम याद आती हो।

इन गुलाबी होंठों की नरमी की कसम,
तुम याद आती हो।

जिस्म में दौड़ती गरमी की कसम,
तुम याद आती हो।

तुम्हारे ज़िक्र पर निकल आए उन आँसुओं की कसम,
तुम याद आती हो।

लिपटे थे कभी मुझसे, उन बाजुओं की कसम,
तुम याद आती हो।

बिखरी थीं मेरे चेहरे पर बादल बनकर, उन जुल्फ़ों की
कसम,
तुम याद आती हो।

कहते हैं हमें याद नहीं करते, लो खाते हैं तुम्हारी कसम,
तुम याद आती हो।

एकतरफ़ा प्यार

इश्क़ में शायर बने हम, वो हमारी शायरी,
राज़ सब जानती है, अब हमारी डायरी।

हर नज़्म, हर ग़ज़ल, हर रुबाई,
हर लफ़्ज़ में, मुझे वो देता दिखाई।

प्यार है उससे, भरपूर है शिद्दत,
और प्यार से ज़्यादा उसके लिए इज़्ज़त।

इकरार कर भी दूँ, जानकर कि जवाब इंकार होगा,
उम्मीद पर हूँ, कभी तो उसे मुझसे प्यार होगा।

मायूस है अंदर से कहीं वो, चाह उसे,
जो उसे नहीं चाहता,
और एक हमारा दिल ये निगोड़ा, हर दुआ में उसे है
माँगता।

मिल जाएगा कोई तुम्हें मुझसे भी बेहतर,
हर बार ये जवाब उसका इकलौता है,
अब उसे कोई ये बताए, कि चाँद से बढ़कर,

कुछ और भला कहीं होता है।

सच कहें तो ना चाहा था हमने,
गिरना उसके प्यार में,
मगर मजबूर हो गए उसकी मासूमियत और
गुल-ए-रुख़सार से।

हर सजदे में कलमा अब उसके नाम का होता है,
उसकी याद में जेठ का दोपहर भी, सुरमई शाम सा
होता है।

मिल जाए अगर वो जो किस्मत इतनी मेहरबान हो,
वो कह दे, वादा है उससे क़दमों में उसके सारा जहाँ
हो।

माना दोस्ती का ये रिश्ता मुकम्मल ही अच्छा है,
मगर उसके लिए मेरी इज़्ज़त और प्यार भी सच्चा है।

मृत्यु तो अवश्यंभावी है

जीवन जीने की इच्छा पर क्यों मृत्यु का भय हावी है,
मृत्यु से यूँ ना डरो मित्रों, मृत्यु तो अवश्यंभावी है।

जीवन जो अमृत रूप मिला, उसको आकंठ पियो अब तुम,
जो छूट गया इतिहासों में, उसे याद कर ना हो गुमसुम।

जो राज करते इस भू पर और जिन्होंने उनकी कीर्ति गाई है,
दोनों ही आज मृत्यु पाकर, भूमि में पर्दाई है।

व्यर्थ विचार है ये कि कैसी मृत्यु का तुम वरण करोगे,
जो मोल जान स्व जीवन का, ना सदुपयोग करोगे।

काल को कठोर जो मानो, तो जीवन भी ना कम दुखदायी है,
मृत्यु से ना डरो मित्रों, मृत्यु तो अवश्यंभावी है।

Mother

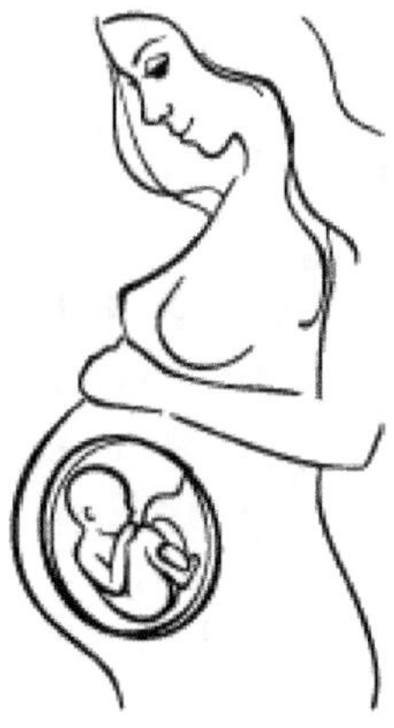

you bring life to earth,
you bring recreation.
Women
u r magnificent.
u r a mother.

In a room of pain, no dear one other.
u brought up a life & became a mother.
long glittering nights echoed with lullabies &
musical chants.
u r praised by God & saints.

u run to us when ur children make a cry.
u sleep in wet to make us dry.

from darkest night to brightest day, u were all
along.
u taught us about right & wrong.

Women
u r magnificent
u r a mother
& your place will never be taken by anyone
other.

माँ

जीवन के गहन कोलाहल में
तू शांति का भवन हे माँ!
मृत्यु-भय से तप्त इस जगत में
तू शीतल नदियों-सा जीवन है माँ।

तू अनंत काल से झर-झर-झर
है अविरल गंगा-सी बहती रही
तेरे असीम त्याग और ममता की
कथाएँ सृष्टि ने हैं कही।

तू प्रेम की ऐसी मूरत है,
जिसे देवतागण भी हैं पूजे,
तू है जीवन का शंखनाद
जो नीरवता में उन्मुक्त गूँजे।

तू अथक, अटूट, अक्षुण्ण, अक्षर,
जाग्रत चेतना-सी आठों याम
तू विराट ब्रह्मांड, मैं हूँ अकिंचन
करता हूँ चरणों में प्रणाम।

अम्मा

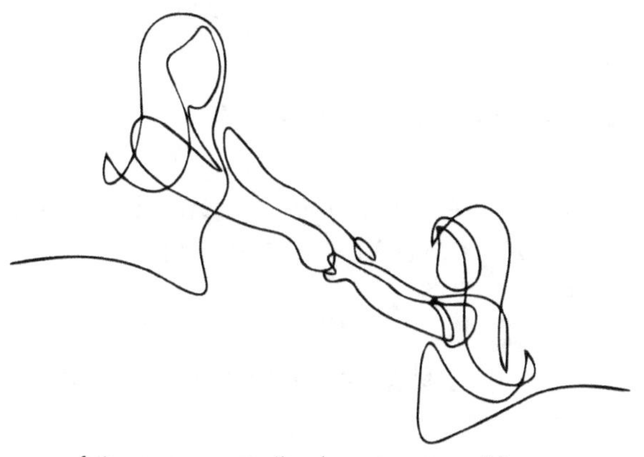

रुसवाई के इस आलम में, संग सदा-सदा मेरे अम्मा,
टूटे जब सब रिश्ते-नाते, साथ मेरे थी तब अम्मा।

जीवन की जेठ दुपहरी में, ठंडी छाँव बनी अम्मा,
भय की ठंडी रातों में, आँचल की गर्माहट अम्मा।

मेरी बेरंग अश्रुत आँखों में, मोती बन चमकी अम्मा,
जब-जब शोषित हुआ जन से, तब उनको धमकाती
अम्मा।

मेरे पंगु जीवन में, तीव्र चाल-सी थी अम्मा,
जब-जब बाण चले व्यंग्य के, तब अटूट ढाल थी
अम्मा।

मेरे गूँगेपन में, आवाज़ मेरी थी अम्मा,

अपने दुख की सिसकियों को लोरी में छिपा देती
अम्मा।

जब अल्पमति से ग्रसित होने पर, लिया था जिन पर
ज़िम्मा,
कोमल वर्म में वज्र जैसी, वो कंधे थी अम्मा।

बिना कहे जो समझे सब कुछ, बिन माँगे देती अम्मा,
कभी-कभी ईश्वर से भी ऊपर, लगती थी मुझको
अम्मा।

अब जब साथ नहीं है तन, फिर भी गाड़ी में है मेरी
अम्मा,
जीवन की कटु सच्चाई में, ममता की मिठाई है
अम्मा।

मन करता है फिर से बच्चा होने का।

मन करता है आज फिर से बच्चा होने का,
थोड़ा ज़िद्दी, थोड़ा अच्छा होने का।

फिर से माँ की गोद में सोने का,
सच्चाई से हँसने को और झूठ-मूठ रोने का।

होना चाहता हूँ बच्चे की तरह भोला, मासूम, अंजाना,
सब हों अपने, ना कोई बेगाना।

मन करता है हो जाऊँ दूर,
इस दीन-दुखी, झूठी, मतलबी दुनिया से धोखा ना
खाने का।

वो नींद में मुस्काने और निश्चिंत सो जाने का,
सतरंगी सपनों में फिर खो जाने का।

दौड़ना चाहता हूँ, मगर ख़्वाहिशों के लिए नहीं,
ख़ुशी के लिए।

काश कोई कसकर गले लगा दे, थाम ले हाथ मेरा,
और कहे, 'कोई बात नहीं, होता है'।

कोई दोस्त मिल जाए, जिसे सुना सकूँ दिल की बातें,
हो जाऊँ ऐसा की खुशनुमा हो जाए दिन और खुशनुमा
रातें।

करूँ बचपना, और हँसू ख़ुद पर,
दिल कहता है क्या जाएगा थोड़ा अकल का कच्चा
होने का,
मन करता है, आज फिर बच्चा होने का।

मोहल्ला

दौड़-भाग भरे शहर का,
वो मोहल्ला अंजाना सा।

कुछ घर नयापन लिए,
पर आँगन वही पुराना सा।

कई ज़िंदगियाँ साथ हैं रहतीं,
हर गली एक कहानी कहती।

गली में आते ही,
सबसे पहले मंदिर हनुमान का,
और बगल में एक पोस्टबॉक्स नाम का।

वहाँ से दाईं ओर जाना,
मिलेगा शर्मा जी का दवाखाना।

आगे है जुम्मन चाचा का मकान,
और मिल्कियत उनकी,
घर के नीचे की साइकिल की दुकान।

पास ही के दरवाज़े पर,
स्कूल जाते परमिंदर की
गले लगाती नन्हीं बाँहें,
और सामने रसोई से,
सुनाई देती,
प्रेशर कुकर की सीटी और दो ठंडी आहें।

सूनी गोद में किलकारी के इंतज़ार की,
ममता के उमड़ते ज्वार की।

जी रहे हैं सब, कर रहे गुज़र-बसर,
दौड़-धूप, कल की चिंता में बीत रही आज की
शामो-सहर।

कल से अंजान इस मोहल्ले-सी ये दुनिया सारी
भागती है,
ख्वाबों की तलाश में, यहाँ-वहाँ दिन-रात जागती है।

मगर मोहल्ले में कोई है जिसे कल का डर नहीं,
रास्ता आशियाना उसका,
खुद का कोई घर नहीं।

फिर भी एक बेफिक्र हँसी उसकी,
मन को छू जाती है।
संतोष कर लेता उससे,
जो मोहल्ले की भीड़ दे जाती है।

थक गया हूँ, जागकर, भागकर,
रूह मेरी, अब इस ज़रूरतों के दोज़ख से आज़ादी
माँगती है,
और वो गुरबत में भी सुकून से सोता है,
सिरहाने फ़कीर के एक कायनात जागती है।

नारी तू नारायणी

नारी तू नारायणी, शक्ति का अवतार,
तू जीवन की धुरी, तू ही जीवन का आधार।

त्याग, प्रेम, ममता, करुणा, वात्सल्य का भंडार,
तू संगिनी, भगिनी, माता, सब पर लुटाए प्यार।

अन्नपूर्णा तू, सरस्वती, लक्ष्मी तू ही काली है,
तुझसे रंग भरी है होली, रोशन ये दीवाली है।

तू जो है तो सब कुछ है, ना कोई कमी है,
तेरे ना होने से तो जीवन का यह घर खाली है।

तू संबल देती है सबको, विश्वास देती है भर,
मिट्टी-पत्थर के मकान को, कर देती है घर।

लाज घर की तू, मुस्कान सजी, धानी-सी चुनर है,
ना जान कम खुद को, भर अपने में हौंसला, हाथों में
तेरे हुनर है।

ख़ामोश समंदर

हूँ भीड़ में मगर अकेला महसूस करता हूँ,
अपने ही वजूद को ख़ुद से फानूस करता हूँ।

राज़ जानता है मेरे सारे मेरा सिरहाना,
वो किसी से दिल खोलकर बातें करना, वो अपने अश्क
छुपाना।

सौ बरसातों बाद भी ये फूल खिलता नहीं है,
मैं जिसे भी चाह लूँ, मुझे मिलता नहीं है।

हमें तो दर्द और यादों के सिवा कुछ नहीं मिला इसमें,
न जाने क्यों फ़रीद दुआ देते की तुझे इश्क़ हो जाए।

अपनी फ़तह पर अकड़ना लाज़िमी है तेरा,

हम तो फ़िलहाल अपनी नाकामियों के बोझ तले हैं।

कुछ यूँ बिखर गया हूँ मैं अपने ही अंदर,
जैसे कोई भंवर लिए बैठा हो ख़ामोश समंदर।

तन्हाई

जब रात अकेला तन्हा मैं,
कुछ ख़्यालों में कभी खोता हूँ।
तब आँखों की इस ख़िज़ाँ में,
ख़्वाबों के गुलशन बोता हूँ।

खुलती हैं तहें यादों की,
खट्टी-मीठी नोंक-झोंक,
सच्चे-झूठे वादों और,
कई अनकही फ़रियादों की।

बिखरे-बिखरे सपने मेरे,
बिखरे-बिखरे से हैं अब हम,
रुकते नहीं मगर ख़्वाब मेरे,
निखरे-निखरे से अब हम।

होंठों पर मधुर मुस्कान सजी,
जो आँखों में आँसू खारा है।
क्यों हारूँ इस निष्ठुर जग से,
जब जग ना मुझसे हारा है।

सारागढ़ी

कहानी उन सूरमाओं दी, जे इतिहास दे पन्नों विच खो
गये।
दे कुर्बानी जान दी, अमर दिलों विच हो गए।

सन् 1897 दी ये गल, मैं आज त्वानूं सुन्नांदा हूँ।
21 सूरमाओं दी शहीदी दी, कहानी बताता हूँ।

दूर खैबर दी घाटी विच, छोटी सी एक चौकी सी।
सारागढ़ी नाम जगह दा, अफसर उसदा ईशर सिंह
सी।

संग 20 सिंह साबत सरूप धारी, वो गढ़ी विच वसदा
सी।
मन विच फर्ज और साहस था, करदा गुरू दा सजदा
सी।

खबर मिली खैबर पार तों, आ रहे अफगान पठानी।
करन चढ़ाई गढ़ी दे ऊपर, लिऐ चाल तूफ़ानी।

अंग्रेजी सेना नूं ए खबर दसन दा ना वक्त रहा।
10000 दी सेना देखकर भी गढ़ी दा पहरा सख़्त रहा।

जदों बजी भेरी युद्ध दी, सिंह मैदान विच आए।
हाथ हथियार सजे, शीश शान से अपना उठाए।

सवा लाख से एक लड़ाऊं, तबे गोविंद सिंह नाम
कहाऊं।
देकर अपनी जान दी बाज़ी, बात ये सच कर जाऊं।

टूट पड़े वो सिंह अफगानों पर, जैसे शेर गीदड़ पर टूट
पड़े।
सत् श्री अकाल का नाम सिमर कर, पठानों से फिर
जूझ पड़े।

एक-एक सिख लड़ा दुश्मन से, जब तक थी जान में
जान।
प्रान छड दिए लेकिन झुकने ना दिया पगड़ी दा मान।

याद ईशर सिंह नुं आ गई, दशमेश गुरू की टेक,
सूरा सों पहिचानीए जे लड़े दीन के हेत।
पुर्जा-पुर्जा कट मरे, कबहुं ना छाडे खेत।

मन याद कर गुरू नुं, किदा दुश्मन नुं मटियामेट।
सारथ किदा शबद नुं, देकर शीश दी भेंट।

जे कहानी तो मिट गई, उन सिंहों दे नाल।
धन वो सिख , जे वीरता दी बने मिसाल।

ख़ुशहाली लाई बरसात

बरसों बाद बरसी ये बूँदें,
महसूस करूँ मैं आँखें मूँदें।

बदल गया मिट्टी का रंग,
अंग-अंग में बजे जैसे जलतरंग।

स्निग्ध हुआ नीर जैसे माटी के संग,
मन में जगी जैसे एक उमंग।

वितान में बिजली कौंधी,
महकती मृदा सौंधी-सौंधी।

स्वागतातुर मयूर पंख पसार,
हलधर खेतों में तैयार।

वन में कोयल कूक रही है,
कानों में मधुर राग फूँक रही है।

सींचो रोम-रोम जल से,

अब तक इसने धूप सही है।

चहक उठे गली-कूँचे और गाँव,
दिखा इंद्रधनुष फैलाव।

प्रकृति बरसाए दुलार,
गौ नंदन गले घंटी गाए मल्हार।

दिल देता है दिल को पुकार,
मेघ संग उमड़-घुमड़ रहा है प्यार।

जो मेघ धरा का ताप मिटाए,
वही हृदय में आग लगाए।

साथी बिन रहा ना जाए,
पर दिल का हाल किसे सुनाए।

हरीतिमा अब फले-फूले,
बाग़ो में पड़ गए सावन के झूले।

बाल कान्ह क्रीड़ा मन मोहे,
शशिशेखर शीश पर पंकज सोहे।

मास चार बहे ज्ञान की गंगा,
निर्मल तन और मन हो चंगा।

ना सूखे कभी, ये बरसे दिन-रात,
ख़ुशहाली लाई बरसात।